AF603606

POSITIONS DE DROIT FRANÇOIS SUR LES MATIERES CRIMINELLES.

A ORLEANS;
Chez L. F. COURET DE VILLENEUVE, Imprimeur du Roy, de Monseigneur l'Evêque & de l'Université.

M. DCCXLV.

POSITIONS DE DROIT FRANÇOIS.

Mr. AUGUSTE JEAN EDOUARD BOYETET, Bachelier de l'Univesité d'Orleans, subira l'examen public en Droit François sur le Traité suivant.

De la Justice Criminelle.

LA Justice Criminelle est celle qui a pour objet la punition des Crimes.

Cette punition n'apartient en France qu'au Roy, en qui seul reside la souveraine puissance; mais parce qu'il seroit difficile qu'il pût exercer cette puissance par lui même, il a bien voulu confier son autorité à cet égard à des Magistrats qui l'exercent en son nom: Et comme cet exercice de l'autorité Royale fait une des parties les plus essentielles de l'administration de la Justice dont l'objet principal est de reprimer les entreprises injustes, & que d'ailleurs il arrive souvent que la punition des crimes tend à ôter à ceux qui en sont convaincus, la vie ou la liberté naturelle à tous les hommes; les Loix & la sagesse du gouvernement ont établi des regles pour conduire les Magistrats dans la poursuite, l'instruction & le jugement des affaires Criminelles, & ces regles sont telles qu'il ne leur est jamais permis de s'en écarter.

Ainsi tout ce qui a raport à la Justice Criminelle peut se reduire aux trois objets suivans.

1°. A ce qui concerne les crimes.

2°. Aux personnes qui sont preposées pour en procurer la punition.

3°. A la maniere d'instruire & de juger les Procès Criminels.

TITRE PREMIER.

Des Crimes & Delits.

ON peut examiner touchant la matiere des crimes & Delits:

1°. Ce que c'est que crime & Delit.

2°. L'action qui naît des crimes.

3°. La prescription des crimes.

4°. Les preuves necessaires dans la poursuite des crimes.

5°. Les peines qui sont en usage, & la maniere de proportionner les peines aux crimes.

§ I.

Ce que c'est que Crime & Délit.

ON apelle *Crime* ou *Delit* toute action injuste & défenduë par les Loix, qui tend à blesser la societé & à troubler la tranquilité publique.

Les termes de *Crime* & *de Delit* sont presque sinonimes en notre langue, cependant on donne plus communement le nom de *Crimes* aux Delits considerables, & qui meritent une punition publique, comme sont les vols, homicides, &c. & l'on apelle simplement *Delits* ceux qui n'exigent qu'une simple reparation Civile, ou une peine pecuniaire, tels que sont les injures, &c.

On peut considerer les crimes de plusieurs manieres, ou parce qu'ils sont en eux-mêmes: ou par raport à la volonté ou disposition d'esprit de celui qui les commet: ou par raport à la peine qu'ils meritent: ou par raport à leur objet.

Suivant les trois premieres manieres de considerer les crimes, ils se divisent en crimes *publics* & crimes *privés*; en Delits *volontaires* & Delits *involontaires*; en Crimes *capitaux* & en Crimes *simples*.

Les crimes du côté de leur objet peuvent être confiderés fous quatre raports principaux.

1°. En tant qu'ils offenfent la Majefté Divine.

2°. En tant qu'ils offenfent la Majefté Royale.

3°. En tant qu'ils offenfent les particuliers qui compofent la focieté civile.

4°. En tant qu'ils troublent l'ordre public & l'œconomie du gouvernement.

La premiere de ces quatre Claffes comprend les crimes d'hatheifme, d'herefie & tout ce qui peut troubler la Religon; les blafphêmes, parjures, facrileges, abus des Sacremens, fimonie, attentats fur les Prêtres en leurs fonctions, prophanations de Vafes Sacrés &c, en un mot tout ce qui peut offenfer la Majefté Divine directement ou indirectement en violant le refpect qu'on doit aux chofes Sacrées & aux Miniftres de la Religion.

La feconde Claffe renferme les crimes de léze-Majefté, & tous ceux qui peuvent donner atteinte à l'autorité du Roy, ou à fes Droits, foit en fa perfonne, foit en celle de fes Officiers. Tels font les crimes de fauffe monnoye, levée de Troupes fans commiffion, défertion, rébellion aux mandemens émanés du Roy ou de fes Officiers, affemblées illicites, port d'armes, prévarication des Juges & Miniftres de la Juftice, peculat, concuffion, contrebande, &c.

La troifiéme Claffe comprend les injures, excès, & voïes de fait, l'ufure, le crime de faux, le ftellionat, les vols, les homicides, le rapt, le viol, le poifon, les malefices, libelles diffamatoires, & en general tous les crimes & Délits qui bleffent les particuliers, foit dans leurs perfonnes, foit dans leur honneur, ou dans leurs biens.

Enfin dans la quatriéme Claffe fe placent naturellement, les Mendiants Valides, Vagabonds, les jeux défendus, la proftitution publique, l'incefte, la poligamie, l'expofition d'enfans, les homicides de foi-même, &c.

§ II.

De l'action qui naît des Crime.

COmme la plûpart des Crimes offenfent non feulement la fo-cieté, mais encore les particuliers; on peut confiderer dans chaque crime deux differens interêts; le premier qui regarde le public, & le second qui regarde les particuliers.

Les Crimes en tant qu'ils troublent la societé, la Religion, ou le gouvernement, exigent une vengeance publique & une peine exemplaire; & en tant qu'ils blessent les particuliers dans leur personne, leur honneur ou leurs biens, ils exigent une reparation, & des dommages & interêts à l'égard des personnes offensées, ou de ceux qui les représentent. Ainsi l'homicide d'un homme qui laisse une femme & des enfans, peut être poursuivi, & pour l'interêt public, & pour celui de la femme & enfans du défunt: le premier afin qu'il soit fait une punition publique & exemplaire de la personne du meurtrier; & le second afin qu'il soit adjugé à la femme & aux enfans sur les biens de ce meurtrier, une reparation & des interêts civils proportionnés au dommage qu'ils souffrent.

De cette consideration naissent deux sortes d'actions & deux manieres differentes de poursuivre les crimes, la premiere qui regarde la poursuite du crime par raport à l'interêt public, & qui ne peut être dirigée que contre l'auteur du crime & ses complices: & la seconde qui regarde la reparation du crime par raport aux particuliers, & qui peut être intentée, tant contre l'auteur du crime que contre ses heritiers.

La poursuite des crimes par raport à l'interêt public, c'est-à-dire, en ce qui concerne la peine, n'apartient en France qu'aux Officiers à qui le Roy à confié ce soin, & à qui l'on a donné pour cette raison le nom de *partie publique*. Ces Officiers sont les Procureurs Généraux dans les Cours, les Procureurs du Roy dans les Bailliages, Prévôtez, & autres Jurisdictions Royales, & les Procureurs Fiscaux dans les Justices des Seigneurs: Les Promoteurs des Officialitez sont aussi chargez du même soin à l'égard des Ecclesiastiques; mais avec cette difference qu'ils ne peuvent requerir contre les accusés aucune peine afflictive, mais seulement des peines Canoniques.

A l'égard de la seconde maniere de poursuivre les crimes, c'est-à-dire, en ce qui touche la reparation & les interêts civils, chaque particulier offensé est en droit d'exercer cette action, & de poursuivre la condamnation des dommages & interêts qui resultent de l'offense qui lui a été faite; mais il ne peut jamais conclure à la peine. On a donné à ces derniers le nom de *partie civile*.

§ I I I.

De la Prescription des Crimes.

TOute action Criminelle se prescrit par vingt ans, & cette prescription court tant contre les Mineurs que contre les Majeurs. (*Loüet Lettre c. n.* 47.)

Elle n'est pas même interrompuë par des procedures qui auroient pû se faire, ni par des sentences interlocutoires, lorsqu'il n'y a point eu de sentence ou de jugement definitif dans les vingt ans du crime commis; si ce n'est dans le cas où il s'agit du crime de Duel, (*Edit du mois d'Août* 1679. *art.* 35.)

Mais quand la condamnation a été prononcée par un jugement definitif, alors la peine ne se prescrit que par trente ans, à compter du jour de la Sentence ou Arrêt rendu, pourvû que le jugement, s'il est rendu par contumace, ait été exécuté par éfigie, ou signifié conformément *à l'art.* 16. *du tit.* 17. *de l'Ord.* 1670. Il faut seulement excepter de cette regle les peines qui courent de plein Droit, à l'égard desquelles la prescription ne peut jamais avoir lieu, comme sont la mort civile, l'infamie, &c.

Quelques crimes ne se prescrivent jamais, comme le crime de leze Majesté; d'autres se prescrivent par un espace moindre que vingt ans; tel est l'adultére qui se prescrit par cinq ans, & l'action d'injures qui se prescrit par un an.

§ I V.

De la preuve en matiere Criminelle.

LEs preuves qui sont en usage en matiere Criminelle s'employent, ou pour etablir la verité, & l'existence du coprs de Delit, ou pour constater l'auteur du crime, ou pour la défense de l'accusé. Les deux premieres ayant pour objet la conviction du Criminel, se font sur la poursuite de la partie publique, ou des parties civiles; mais la derniere étant pour la justification de l'accusé, se fait sur la poursuite de; cet accusé quelquefois cependant elle est ordonnée d'office par les Juges.

ARTICLE PREMIER.

Des preuves qui s'employent tant pour conſtater le corps de Délit que pour la conviction de l'Accuſé.

CEs preuves ſont de trois ſortes.

La premiere qui reſulte de la confeſſion de l'accuſé.

La ſeconde qui eſt fondée ſur la depoſition des témoins, ou ſur le raport des experts qu'on apelle *preuve teſtimoniale*, ou *preuve par experts*.

Et la troiſiéme qui reſulte de l'examen des écrits & ſignatures qu'on apelle *preuve litterale*, & qui, à proprement parler, eſt renfermée dans les deux autres, ſçavoir, dans la premiere, quand l'acte qui renferme le Delit, eſt reconnu par l'accuſé pour être écrit de ſa main, & dans la ſeconde, quand il dénie ſa ſignature, & que ſur cette dénegation, il eſt prouvé par le raport de témoins qui l'ont vû ſigner, ou par celui d'experts qui en font la comparaiſon avec d'autres actes, que cet ecrit eſt de la main de l'accuſé.

Outre ces trois genres de preuves, il y en a une autre particuliere qu'on apelle *preuve conjecturale*, qui conſiſte à conclure par des argumens l'exiſtence ou la verité d'un fait, en conſéquence de la liaiſon immediate ou prochaine qu'il a avec d'autres faits connus. C'eſt une eſpece d'analiſe morale que les Juges employent lorſqu'ils ſont dans l'impoſſibilité de conſtater le fait par les depoſitions de témoins du fait principal, & qu'ils ont la preuve d'autres faits qui conduiſent à la connoiſſance de ce fait principal par la liaiſon qu'ils ont avec lui.

On peut apeller cette eſpece de preuve, *preuve indirecte* à la difference de celle qui reſulte de la confeſſion de l'accuſé, ou de la depoſition de témoins ou raport d'experts que l'on peut apeller *preuve directe*.

Quand il s'agit de conſtater le corps de Delit, on employe auſſi quelquefois un autre genre de preuve, qui eſt le tranſport du Juge ſur les lieux où le crime a été commis, & le Procès-verbal que le Juge en dreſſe, fait à cet égard une preuve complette,

ARTICLE II.

Des preuves qui s'employent en faveur de l'accusé.

LEs preuves qui s'employent pour la défense de l'accusé, se font ou par titres ou par témoins; on se sert même quelquefois de la preuve conjecturale, comme dans le cas de *l'alibi*; mais la confession ou declaration de l'accusé, ne peuvent jamais avoir icy lieu.

Toutes ces preuves s'employent de la même maniere que pour la conviction de l'accusé, & il faut suivre à cet égard les mêmes regles; cependant on n'admet point icy indistinctement toutes sortes de témoins, & il dépend de la prudence du Juge de rejetter en cette occasion ceux qui lui paroissent suspects.

Les cas les plus ordinaires où l'accusé employe des preuves en sa faveur, sont. 1°. Quand il s'agit de recuser des Juges ou des experts. 2°. De proposer des reproches contre des témoins. 3°. Ou qu'il allegue des faits justificatifs.

§ V.

Des peines qui sont en usage, & de la proportion des peines aux Crimes.

I.

LEs peines qui sont en usage en France pour la punition des Crimes peuvent être considerées. 1°. Par raport à la personne de l'accusé. 2°. Par raport à son honneur & à sa reputation. 3°. Par raport à ses biens.

1°. Celles qui regardent la personne de l'accusé, se nomment *peines corporelles*; telles sont la mort naturelle, l'amputation de quelque membre, le foüet, la fletrissure & autres semblables.

2°. Celles qui punissent l'accusé dans son honneur & sa reputation seulement, sont l'amende honorable & le blâme.

3°. Celles qui l'affligent dans ses biens, sont la confiscation & l'amende pecuniaire.

On peut encore diviser les peines par raport aux accusés, en *capitales*, *afflictives*, & *infamantes*.

Les peines *capitales* sont celles qui font perdre la vie, ou privent pour toûjours de la liberté ou du Droit de Citoyen. Telles sont la mort naturelle, le bannissement à perpetuité hors du Royaume, les galeres perpetuelles, & la reclusion à perpetuité en un Hôpital ou Maison de force. Toutes les peines capitales sont aussi afflictives &

infamantes, & emportent de Droit la confiscation de biens, & la mort naturelle ou civile.

Les peines *afflictives* & qui ne sont point capitales, sont la question, les Galeres à tems, le Foüet & la fletrissure, l'amende honorable, le bannissement à tems & la reclusion à tems en une maison de force. Toutes ces peines à la reserve de la question, sont aussi infamantes.

Enfin les peines qui sont purement *infamantes* sont le Carcan, le blâme & l'amende en matiere criminelle quand elle est confirmée par Arrêt. (*Ord.* 1670. *tit.* 25. *art.* 7.)

II.

LEs peines considerées par raport aux Juges, sont ou *legales* ou fondées *sur l'usage*, ou *arbitraires.*

Les peines *legales* sont celles qui sont établies par les Loix du Royaume pour certains crimes ; celles qui sont fondées *sur l'usage* sont presque uniformes dans tous les Tribunaux ; Les peines *arbitraires* sont celles qui dépendent de la prudence du Juge, & qui s'infligent à proportion de la grandeur du crime.

A l'égard de la proportion des peines aux crimes, elle depend 1°. De la qualité du Delit. 2°. De sa quantité. 3°. Des circonstances du tems, du lieu, & de la maniere dont le crime est commis. 4°. De la personne qui le commet. 5°. De la disposition ou volonté du Criminel. 6°. De la qualité de la personne offensée ou des choses volées ou profanées. 7°. De l'évenement ou suite du crime. Suivant ces differentes considerations, les crimes sont plus graves ou plus legers, & par consequent punis d'une peine plus ou moins sevére.

TITRE SECOND.

Des Personnes qui sont préposées pour la punition des Crimes.

CES personnes sont les *Juges*, les *Parties publiques*, & les *Ministres de la Justice.* On ne parlera icy que des Juges.

I.

DES JUGES.

LEs Juges peuvent être considerés ou par raport à leur qualité, ou par raport à la nature des crimes dont ils peuvent connoître, ou par la nature des Jugemens qu'ils rendent.

Les

Les Juges considerés par raport à leur qualité peuvent être distinguez. 1°. En Juges *Royaux* & en Juges *de Seigneur* ou Subalternes; les Juges *Royaux* sont ceux qui sont préposez par le Roy dans les Justices Royales; les juges de *Seigneur* sont ceux qui sont établis par les Seigneurs dans leur Justice. 2°. En juges *Laïcs*, qui connoissent des Crimes commis par les Laïcs, même par des Ecclesiastiques en plusieurs cas, & en Juges *Ecclesiastiques* qui connoissent seulement des Crimes commis par des Ecclesiastiques.

Par raport à la nature des Crimes dont les Juges peuvent connoître; on peut les diviser en Juges *ordinaires* & en Juges *extraordinaires*.

Les Juges *ordinaires* sont ceux qui connoissent de toute sorte de Crimes en general, excepté ceux dont la connoissance leur est nommement interdite. Tels sont les Juges de Seigneur; les Prévôts & Châtelains, les Lieutenans Criminels, & les Chambres des Tournelles des Cours de Parlemens.

Les Juges *extraordinaires* sont ceux qui ne peuvent juger que certains Crimes dont la connoissance leur est attribuée par les Ordonnances du Royaume comme sont les Présidiaux, les Prévôts des Maréchaux & Lieutenans Criminels de Robe Courte; les Juges des Elections, Monnoyes & Gabelles, Intendans, Trésoriers de France, Chambre des Comptes, Cours des Aydes & des Monnoyes; Eaux & Forêts, Amirauté, Tables de Marbre, Conseils de Guerre. &c.

Enfin les Juges considerés par la nature des Jugemens qu'ils peuvent rendre se divisent. 1°. En Juges de *premiere instance*, comme sont les Juges de Seigneur; les Prévôts Royaux, les Officiers des Elections, Monnoyes, Gabelles, &c. & en *Juges d'Apel* comme sont les Baillifs, & les Cours Souveraines. 2°. En Juges *à la charge de l'Apel* comme sont les Juges de Seigneur; les Baillifs & Sénéchaux & Prévôts Royaux; les Juges des Elections Monnoyes & Gabelles; les Officiers, &c. & en *Juges en dernier Ressort* comme sont les Présidiaux, les Prévôts des Maréchaux, Prévôts Généraux des Monnoyes, Lieutenans Criminels de Robe Courte, Parlemens, Cours des Aydes, & autres Cours Souveraines; Juges des Conseils de Guerre, &c.

Quelqu'uns de ces Juges sont Juges de premiere instance en certains cas, & Juges d'Apel en d'autres, comme sont les Baillifs & Senechaux, qui peuvent connoître de l'Apel des Sentences Criminelles lorsqu'elles ne prononcent aucune peine afflictive, & connoissent en premiere instance de tous les Crimes reputez cas Royaux.

Quelques Juges Jugent en dernier Ressort en certains cas & à la charge de l'Apel en d'autres, comme les Prévôts des Maréchaux, & Juges Présidiaux qui quoique Juges en dernier Ressort, ne connoissent néanmoins du Crime de Duel qu'à la charge de l'Apel.

Enfin il y a des *Juges deleguez* qui connoissent de certaines affaires criminelles en vertu de commissions qui leur attribuent cette connoissance, comme sont les Intendans & autres Juges de Commissions extraordinaires. Quelquefois ces Commissions sont pour juger en dernier Ressort, & quelquefois à la charge de l'Apel; mais ordinairement c'est pour juger en dernier Ressort.

I I.

De la competence des Juges en matiere criminelle.

EN matiére criminelle de même qu'en matiére civile, il faut deux choses pour regler la competence d'un Juge; la premiere, que le crime ait été commis dans le Ressort de la Jurisdiction du Juge; la seconde, que le crime soit de la nature de ceux dont le Juge peut connoître.

En general la connoissance des crimes apartient aux Juges des lieux où ils ont été commis. (*Ord.* 1670. *tit.* 1. *art.* 1.) ce qui doit s'entendre de tous les Délits pour lesquels on se pourvoit en Justice par voye de plainte.

Le Juge du domicile de l'accusé est aussi competent pour en connoître jusqu'à ce que l'accusé demande son renvoy (*Ord. de Moulin. art.* 35.) ce qui est porté aussi, quoique d'une maniere implicite dans *l'art de l'Ord.* 1670. qu'on vient de citer.

Le crime d'être vagabond n'étant attaché à aucun lieu, c'est au Juge de la capture à en connoître.

Dans le crime de rapt qui se fait successivement en differens lieux, le Juge de l'endroit d'où la personne a été enlevée est celui qui est competent pour en connoître, & non ceux des autres lieux par où passe le ravisseur avec la personne ravie.

Cette regle que la connoissance des crimes apartient aux Juges des lieux où ils ont été commis reçoit plusieurs exceptions, & ces exceptions ſont fondées ou ſur la *nature du crime*, ou ſur la *qualité de l'accuſé.*

Celles qui ſont fondées ſur *la nature du crime* ſont. 1°. Les *cas Royaux* dont la connoiſſance apartient aux Baillifs & Sénéchaux privativement à tous autres Juges, même aux Prévôts Royaux.

On entend par *cas Royaux* tous ceux qui donnent atteinte à la Majeſté Royale, ſoit dans ſa perſonne ou celle de ſes Officiers, ſoit dans ſes Droits, ſes biens, ſes fonctions, & ſon autorité, ſoit dans les choſes ou perſonnes qui ſont en la protection du Roy, ſoit enfin dans tout ce qui peut troubler la ſûreté publique, & la police du Royaume; une partie de ces cas eſt énoncée en *l'art.* 11. *du tit.* 1. *de l'Ord.* 1670.

2°. Tous les cas *Prévôtaux* ou *Préſidiaux* dont la connoiſſance apartient aux Préſidiaux, aux Prévôts des Maréchaux, & aux Lieutenans Criminels de Robe Courte. Ces cas ſont mentionnez en *l'article* 12. *du même tit.* 1. *de l'Ord.* 1670.

On a declaré cas Prévôtaux ou Préſidiaux les crimes qui exigent une punition prompte, & qu'il ſeroit dangereux de differer, ou qui ſont indignes de la faveur de l'Apel, ou qui ſont commis par des perſonnes viles & mepriſables.

3°. Tous les crimes qui concernent les Droits du Roy, la Marine, les Eaux & Forêts, &c. dont la connoiſſance eſt attribuée aux Elections, Officiers des Monnoyes & des Gabelles; Amirautez, Juges des Eaux & Forêts, &c. par les Ordonnances renduës ſur ces matiéres.

Les exceptions fondées ſur la *qualité de l'accuſé* regardent les Nobles, les Eccleſiaſtiques, les Juges & quelques autres perſonnes *v. l'art.* 10. 13. 21. *&* 22. *de l'Ord.* 1670.

Il faut auſſi obſerver que les Seigneurs de Juſtice ne peuvent en matiére criminelle, être pourſuivis ni donner la plainte en la Juſtice dont ils ſont Seigneurs, & ils doivent alors ſe pourvoir devant le Juge ſuperieur, à peine de nullité, ainſi jugé par un grand nombre d'Arrêts.

Quoique les Eccleſiaſtiques, pour raiſon du Délit commun ne puiſſent être naturellement pourſuivis que devant l'Official; on peut néanmoins donner la plainte contr'eux devant le Juge ordinaire de leur domicile. Sauf le renvoy s'il eſt requis devant le Juge d'Egliſe.

Les Committimus n'ont point lieu en matiére criminelle (*Ord. du mois d'Août* 1669. *tit. des Committimus art.* 1.) il en faut excepter les Officiers des Eaux & Forêts; lesquels aux termes de *l'art.* 13. *du tit.* 1. *de l'Ord. des Eaux & Forêts du* 13. *Août* 1669. ont leurs causes commises au plus prochain Présidial de leur Ressort, tant en matiére civile que criminelle.

Il en est de même des Officiers de Maréchaussée (*Déclar. du* 6. *May* 1692).

Il paroît même que les Ecoliers des Universitez doivent jouir du privilége de scolarité en matiére criminelle, lorsque le crime dont ils sont prévenus a été commis dans le lieu de la Jurisdiction du Conservateur, & que ce Conservateur a la Jurisdiction criminelle. Ainsi si un crime avoit été commis à Orleans par un Ecolier de droit dans l'étenduë de la Justice de Sainte Croix, ce seroit au Bailliage Criminel comme Juge de la conservatoire à en connoître, & non au Baillif de Sainte Croix.

Il y a des crimes dont tous les Juges en general peuvent connoître. Tels sont. 1°. Les inscriptions de faux incident aux affaires pendantes pardevant eux, & les rebellions commises à l'exécution de leurs Jugemens. (*Ord.* 1670. *tit.* 1. *art.* 20.) il en faut seulement excepter les Juges Consuls, & les moyens & bas Justiciers, lesquels n'en peuvent jamais connoître (*ibid.*) à quoi il faut ajouter les Officiaux.

2°. Tous Juges Criminels connoissent des affaires civiles, incidentes aux Procez Criminels, pendants pardevant eux. (*L.* 3. *C. de ordine judiciorum.*)

3°. Quand un Procès Criminel est civilisé, c'est toûjours le Juge qui civilise, qui doit continuer à connoître de l'affaire. (*Edit du mois de May* 1553. *raporté par Jolly*) ce qui a depuis été jugé par un grand nombre d'Arrêts.

4°. Quoique la Police des Prisons apartienne aux Lieutenans Généraux des Bailliages, néanmoins le crime de-bris de prison, l'évasion des prisonniers, & les crimes commis par les prisonniers dans les prisons, sont de la competence du Juge Criminel. *Voyés l'art.* 31. *du Reglement de la Cour du* 1. *Septembre* 1717.

TITRE TROISIEME.

De la maniere d'instruire & de juger les Procez Criminels.

ARTICLE PREMIER.

De l'instruction judiciaire.

ON peut proceder criminellement de deux manieres differentes, ou *d'Office* ou *sur plainte.*

L'information *d'Office*, est celle qui se fait par le Juge independamment d'aucune plainte. Elle n'a gueres lieu, que dans le cas de flagrant délit.

L'information *sur plainte* se fait, ou sur la plainte de la partie privée, où sur l'accusation de la partie publique: Cette derniere est ordinairement précédée de dénonciation, mais elle se fait aussi quelquefois sans dénonciation.

Comme tout l'objet de la procedure judiciaire en matiere criminelle, se reduit à constater le délit, & à découvrir l'auteur du crime, pour lui infliger la peine qu'il merite; de quelque maniere que l'on procede, il ne faut jamais perdre ces deux points de vûë, pendant tout le cours de l'instruction.

1°. L'ordre de la procedure demande que l'on constate d'abord l'existence ou corps du Délit; car si le crime n'est constant, il est inutile d'en chercher. l'auteur.

Le corps de Délit se constate, ou par experts ou par le transport & examen du Juge, quelquefois aussi par la déposition des témoins, mais rarement par la confession de l'accusé, si ce n'est dans le cas où l'on ne peut le prouver d'une autre maniére.

2°. L'information pour découvrir l'auteur du crime, se fait ordinairement par témoins, & quelquefois par comparaison d'écritures; mais ces informations sont inutiles, lorsqu'on a une preuve suffisante par les interrogatoires de l'accusé. *V. l'art.* 5. *tit.* 25. *de l'Ord.* 1670.

Les témoins doivent être administrés par les Procureurs du Roy ou des Seigneurs, & aussi par les parties civiles. (*Ord.* 1670. *tit.* 6. *art.* 1.)

3°. Si l'on ne trouve pas de témoins suffisans, on employe quelquefois la voye des Lettres Monitoires (*v. le tit. 7. de la même Ord.*)

4°. Lorsque le Juge ne trouve, ni témoins, ni indices contre l'accusé, il est inutile qu'il continuë la procédure; mais s'il y a contre lui un commencement de preuve, alors il doit le faire comparoître en Justice & le constituer prisonnier quand le crime est grave, & merite une peine corporelle ou afflictive; ou le décreter d'ajournement personnel ou d'assigné pour être ouï, si le crime est moindre; le tout suivant la qualité des preuves & des personnes. (*Ord.* 1670. *tit.* 10. *art.* 1.) tous ces décrets doivent être rendus sur les conclusions des Procureurs du Roy ou Fiscaux.

5°. L'accusé étant arrêté, ou cité en Justice, il faut l'interroger pour sçavoir s'il a commis le crime dont il est accusé, & pour tirer de lui la verité, ce qui est d'autant plus juste que dans cet interrogatoire, il peut oposer des défenses & des exceptions légitimes sur l'accusation intentée contre lui.

6°. Il arrive quelquefois que l'accusé qu'on veut arrêter prisonnier, ne se trouve point chez lui & disparoît, ou qu'étant ajourné, il refuse de comparoître en Justice; alors on saisit & annote ses biens, & l'on instruit contre lui la contumace, ou bien on convertit le décret en un autre plus severe. Cette procedure qui prend son fondement dans les principes de la raison & de l'équité, se trouve marquée dans *le tit.* 17. *de l'Ord.* 1670.

7°. Souvent l'accusé cité en Justice est dans l'impuissance de se représenter, comme lorsqu'il est absent d'une absence nécessaire, ou qu'il est malade, & qu'il ne peut se mettre en voyage sans peril de sa vie; il faut alors qu'il propose ses exoines, & s'ils se trouvent legitimes, le Juge donne un délai raisonnable à l'accusé pour se représenter.

8°. lorsque l'Accusé doit être jugé en dernier Ressort, il faut avant de passer au Reglement à l'extraordinaire & au Jugement du fond, commencer par faire juger sa competence, c'est-à-dire, faire juger si le crime & l'Accusé sont de nature à être jugez en dernier Ressort, ou seulement à la charge de l'Appel.

9°. Si l'Accusé interrogé convient de tout, alors le Juge peut & doit le condamner sur sa simple confession, & sans qu'il soit nécessaire de passer à plus ample instruction, ni de faire entendre des témoins, suivant l'article cy-dessus cité.

10°. Quelquefois la peine du crime dépend d'Actes écrits ou signez de la main de l'Accusé, & qu'il refuse de reconnoître ; il faut en ce cas les faire verifier, & proceder par Experts à la reconnoissance de ces Actes. (*V. le Titre* 8. *de l'Ord.* 1670.

11°. Il n'est pas nécessaire que la preuve soit complette pour pouvoir prononcer au profit de la partie civile une Sentence de provision, il suffit alors d'un commencement de preuve, cette maxime est générale dans tous les cas qui requierent célérité.

12°. Lorsque l'accusation ne merite pas d'être instruite, les Juges peuvent juger l'affaire en l'état où elle se trouve, sans qu'il soit besoin de passer au Reglement à l'extraordinaire, c'est-à-dire, au récollement & à la confrontation des témoins, & s'il n'y a aucune preuve contre l'Accusé, ou qu'il n'y ait pas lieu à l'action criminelle, il faudra ou le renvoyer absous, ou convertir le Procès criminel en Procès civil.

13°. Mais si l'accusation est grave, & que l'affaire soit de nature à être jugée par la voye du Reglement à l'extraordinaire, le Juge doit ordonner que les témoins entendus en déposition, & ceux qui pourront être entendus dans la suite, seront récollez, & si besoin est, confrontez à l'Accusé. Car il peut se faire que les témoins, ou se rétractent, ou changent quelque chose à leurs dépositions, ce qui peut aller ou à la décharge ou à la conviction de l'Accusé ; or le bien de la Justice demande sur tout dans les grands crimes, que l'on prenne toutes les précautions nécessaires pour découvrir la verité.

Les témoins qui font charge contre l'Accusé, doivent nécessairement lui être confrontez, pour pouvoir former une preuve contre lui, car la confrontation est la voye la plus naturelle à l'Accusé pour se défendre, & pour justifier son innocence. (*V. Art.* 22. *du itt. de l'Ord.* 1670.)

14°. Il arrive quelquefois que l'Accusé s'évade de prison avant ou depuis le Reglement à l'extraordinaire ; il peut arriver aussi qu'après s'être évadé ou avoir été en contumace, il vient ensuite à se représenter. Dans tous ces cas il faut une procedure particuliere, qui est marquée par l'Ordonnance.

15°. Lorsqu'on ne peut avoir une preuve complette contre un Accusé, & qu'il s'agit d'un crime qui est constant, & merite peine de mort, on peut ordonner, avant de faire droit, que l'Accusé ſera apliqué à la queſtion, pour ſçavoir de lui la verité, ſi d'ailleurs la preuve eſt conſiderable; ce qui s'ordonne auſſi quelquefois à l'égard des Accuſez condamnez à mort, pour avoir revelation de leurs complices.

16°. S'il eſt juſte d'employer tous les moyens par leſquels on peut parvenir à faire la preuve du crime contre un accuſé; il eſt juſte auſſi de lui accorder ſes moyens de défenſe; il peut en propoſer de pluſieurs ſortes, ſçavoir. 1°. Contre la competence du Juge en déclinant ſa Juriſdiction, s'il a connu du crime mal à propos. 2°. Contre la perſonne même du Juge, & contre les experts, s'il a contr'eux des cauſes de recuſation. 3°. Contre les temoins, s'il a des reproches valables. 4°. En propoſant ſes faits juſtificatifs, & offrant de les prouver. 5°. Enfin en employant les défenſes de Droit, comme ſi le crime eſt preſcrit, s'il a des Lettres de grace ou de pardon, &c.

Toutes ces défenſes peuvent être propoſées, non ſeulement par les interrogatoires & à la confrontation, mais encore par des Requêtes particuliéres (*Ord.* 1670. *tit.* 23. *art.* 3.)

17°. Enfin quand le Procés eſt inſtruit, il faut le communiquer au Procureur du Roy, ou Fiſcal, qui doit donner ſes Concluſions définitives, après quoi on paſſe au Jugement du Procès, lors duquel on doit interroger de nouveau l'Accuſé.

I I.

Des Jugemens & de leur exécution.

LEs Jugemens ſont, ou *préparatoires & interlocutoires*, comme les Jugemens de competence, les Arrêts ou Sentences de proviſion, celles renduës ſur récuſation des Juges, les Arrêts ou Sentences qui condamnent à la queſtion préparatoire, les Jugemens portant qu'il en ſera plus amplement informé, &c. ou *définitifs*, comme ſont ceux qui prononcent définitivement ſur la condamnation ou abſolution de l'Accuſé.

La premiere attention du Juge, avant de rendre ſon Jugement, eſt d'examiner ſi la preuve du corps de Délit & celle du Crime ſont conſtantes. Il doit pour cela aporter toutes les conſiderations néceſſaires, ſoit dans l'examen des Procés verbaux ou raports des Experts qui conſtatent le Délit, ſur tout quand ces Procés verbaux differens different dans des circonstances essentielles, ou qui se détruisent; soit dans la déposition des témoins qui different, ou se contrarient, ou qui se sont retractez; soit dans les interrogatoires de l'Accusé, suivant qu'ils sont uniformes, ou qu'ils varient & se contredisent: soit enfin dans l'examen des differens indices ou présomptions du procès, tant ceux qui établissent la conviction de l'accusé, que ceux qui vont à sa décharge.

La seconde atention nécessaire au Juge, est de prononcer une peine qui soit dans une juste proportion avec le crime; car c'est en cela principalement que consiste l'équité & la prudence des Juges; c'est là cette balance qui est comme l'ame de la Justice & qui en fait le principal attribut.

Lorsque les jugemens ont été prononcés, il faut procéder sur le champ à leur exécution, s'ils sont de nature à ne pas être suspendus par la voïe de l'Apel comme sont les jugemens de contumace, & toutes les Sentences ou Arrêts rendus en dernier ressort. Quelquefois l'exécution des jugemens en dernier ressort est suspenduë & differée, comme si une femme condamnée à mort, declare qu'elle est grosse &c. *V. Les art.* 21. *&* 23. *du tit.* 25. *de l'Ord.* 1670.

Mais quand il y a Apel du jugement, ou que l'Apel est de droit, alors il faut surseoir à l'exécution de la peine, excepté quand elle n'est que pecuniaire, & qu'il ne s'agit que d'une certaine somme suivant *l'art* 6. *du tit.* 25. *de l'Ord.* 1670. auquel cas elle s'exécute par provision.

III.

Des differentes maniéres dont on peut se pourvoir contre les Jugemens.

IL y a plusieurs maniéres de se pourvoir contre les Arrêts & Sentences renduës en matiére criminelle.

1°. Si la Sentence n'est pas en dernier ressort, la premiere & la plus simple est d'en interjetter l'Apel: Cet Apel est même de droit, quand la peine prononcée par la Sentence est corporelle, de Galeres à perpetuité ou d'amende honorable, suivant *l'art.* 6. *du tit.* 26. *de l'Ord.* 1670.

L'effet de cet Apel par raport au jugement définitif, est de suspendre & arrêter l'exécution du jugement, excepté dans le cas de *l'art. 6. du tit. 25.* dont on vient de parler.

Mais à l'égard des décrets & de tous jugemens d'instruction, l'Apel n'en suspend point l'exécution, & les Juges peuvent dans tous ces cas passer au jugement définitif. *Ord.* 1670. *tit.* 26. *art.* 3. Il n'y a alors d'autre voye que d'obtenir des défenses devant le Juge superieur, lesquelles ne peuvent se donner qu'en de certains cas. *V. les art.* 9. *du tit.* 7. *l'art.* 8. *du tit.* 12. *& l'art.* 4. *du tit.* 26. *de la même Ordonn.*

2°. Si le jugement est rendu en dernier ressort, on peut encore en empêcher l'effet, en obtenant des *Lettres d'abolition* qui éteignent la peine duë au crime, ou en obtenant des *lettres de rapel de ban, ou de commutation de peine*, qui font cesser la peine, ou la changent en une moindre *V. le tit.* 16. *de la même Ordonnance.*

Il y a même des cas où il n'est pas nécessaire de recourir à l'autorité du Souverain, & où l'on peut se pourvoir par *requête civile* contre un jugement rendu en dernier ressort en matiére criminelle, ce qui se fait pardevant les mêmes Juges qui ont rendu le jugement; on se pourvoit aussi devant les mêmes Juges, quand il s'agit de *purger la mémoire d'un défunt* condamné par contumace, & mort dans les cinq ans que l'on prétend avoir été condamné injustement.

Enfin au défaut de tous ces moyens, on peut obtenir du Roy des *lettres de revision de procès*, ou *en cassation d'Arrêts. v. l'Ord.* 1670. *tit.* 16. *& le nouveau Reglement du Conseil du* 28. *Juin* 1738. *partie* 1. *tit.* 4. *& tit.* 7.

I V.

De quelques procédures criminelles particulieres.

LEs procédures dont on vient de parler, s'employent dans l'instruction de tous les crimes en general; mais outre ces regles, il y en a encore quelques-unes qui sont particulieres à l'égard de *certaines personnes*, & pour *certains crimes.*

Celles qui sont particulieres à de *certaines personnes*, regardent. 1°. Les Ecclesiastiques lorsqu'il s'agit d'instruire contr'eux un crime, tant pour le Délit commun, que pour le cas privilegié.

2o. Les Communautés, Villes & Bourgs, Corps & Compagnies. 3°. Les cadavres & la mémoire de perſonnes défuntes. 4°. Les ſourds & muets, & ceux qui refuſent de répondre. 5°. Les filles de mauvaiſe vie &c. *v. les titres* 18. 21. *&* 22. *de l'Ord.* 1670. *L'Edit du mois de Février* 1678. *& la Déclar. du* 26. *Juillet*, 1713.

Celles qui ſont particulieres à de *certains crimes*, regardent les inſcriptions de faux; les crimes commis en la préſence des Juges, faiſant leurs fonctions dans leurs Tribunaux, &c. *v. le tit.* 9. *de l'Ord.* 1670. *& l'Ord. du mois de Juillet* 1737.

Enfin il y en a de particulieres à *certains Juges*, comme les Prévôts des Maréchaux, & Lieutenans Criminels des Robes Courtes *v. le titr.* 2. *de l'Ord.* 1670.

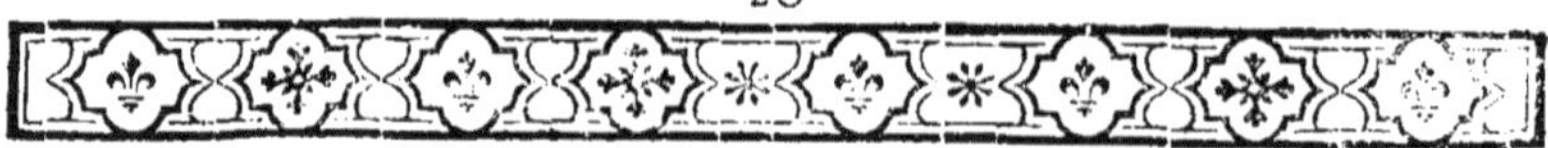

QUESTIONS

POUR l'examen public du Droit François, ſur leſquelles le Répondant tachera de ſatisfaire ceux qui lui feront l'honneur de l'interroger.

SUR LES PEINES DES CRIMES.

ARTICLE PREMIER.

SI l'athéiſme peut être puni de mort.

II.

Si l'héréſie peut être un Crime qui exige la vengeance publique, & qui doive être puni par la perte des biens, ou même de la vie du coupable.

III.

Si l'uſage de punir l'homicide de ſoi-même par la confiſcation des biens de ſa ſucceſſion, eſt équitable.

IV.

Si le Duel a pû être permis par la puiſſance publique.

Sur la compétence des Juges.

V.

QUels ſont préciſement les cas Royaux?

VI.

Si un Evêque ou un Cardinal coupables d'un crime d'Etat, ne peuvent pas être jugés & condamnés par la puiſſance ſéculiére ſeule, ſans le concours de l'Eccleſiaſtique.

VII.

Si l'on peut punir un étranger qui voyage dans un pays, pour une action qui n'est regardée comme crime que dans ce pays.

Sur l'Instruction Criminelle.

VIII.

SI un Concile Provincial en jugeant un Evêque sur un délit purement Ecclesiastique & en matiére de foy, est obligé en France de suivre les formalités prescrites par l'Ordonnance de 1670.

IX.

Si la Jurisprudence du Palais peut introduire dans la procedure criminelle des formalités & des nullités qui ne soient pas précisément prescrites par l'Ordonnance.

X.

Si les Parens peuvent être entendus en déposition dans les matiéres criminelles.

XI.

Si le Juge peut obliger le Confesseur de déposer dans un crime de léze-Majesté, ce qu'il sçait par la confession.

XII.

Si l'usage d'exiger le serment de l'accusé au commencement de son interrogatoire, n'est pas contraire au droit naturel.

Sur la preuve des Crimes.

XIII.

SI la comparaison des écritures fait une preuve en matiére criminelle.

XIV.

Si la confession de l'accusé n'est pas une preuve suffisante, & même la plus grande & la plus convaincante de toutes les preuves.

XV.

Si sur des indices, quelque pressans, quelque concluans qu'on les supose; un accusé peut être condamné au suplice lorsqu'il n'y a point de témoins qui lui ayent vû commettre le crime.

XVI.

Si l'usage de la question préparatoire est bien propre à decouvrir la verité, & conforme à l'humanité.

Sur les Jugemens en matiére criminelle.

XVII.

SI le Juge peut infliger une demie peine pour un crime à demi prouvé.

XVIII.

Si lorsqu'aucune Loy n'a ordonné la peine de mort, le Juge peut y condamner, & s'il est en droit d'augmenter ou de diminuer la peine portée par la Loy.

XIX.

Si un Juge peut condamner à mort pour un crime dont il a été lui même témoin oculaire, mais qui n'est pas prouvé suffisamment par l'information juridique, & reciproquement s'il doit condamner pour un crime dont il y a preuve juridique par les informations, lorsqu'il a une certitude parfaite de l'innocence de l'accusé, & de la fausseté des depositions.

Sur l'exécution des Jugemens.

XX.

SI la condamnation par contumace, n'opere la mort civile qu'après les cinq ans.

XXI.

Si un accusé condamné par contumace, peut se représenter après les trente ans de la prescription pour être admis à purger sa contumace.

XXII.

Si la prescription lui rend la vie civile.

XXIII

Si les graces accordées par les Evêques d'Orleans à leur entrée, ont quelque effet positif, ou seulement un effet négatif.

Cet Examen se fera le Juillet 1745. à deux heures & demie de relevée dans la Sale des Ecoles de l'Université d'Orleans.

www.ingramcontent.com/pod-product-compliance
Ingram Content Group UK Ltd.
Pitfield, Milton Keynes, MK11 3LW, UK
UKHW021043260726
13994UKWH00005B/2323

9 782329 370361